과학은 쉽다!

★ 초등학교 과학 교과서와 함께 봐요!

과학 3-1 물질의 성질
과학 3-2 물질의 상태
과학 4-2 물의 상태 변화
과학 5-1 용해와 용액
과학 5-2 산과 염기
과학 6-1 여러 가지 기체

* 3~6학년 과학 교과서는 출판사별로 교과 단원 순서가 달라, 순번을 표기하지 않았습니다.

차례

1 물질을 쪼개고 쪼개면 뭐가 될까? 원자와 원소

생활 속 과학이 필요한 순간 · 8   우리 주변의 물체와 물질 · 10
물질은 나누고 더 나눌 수 있어 · 12   물질을 쪼개고 쪼개면 원자가 된다고? · 14
원자와 원소는 어떻게 다를까? · 16   대표 원소를 소개할게 · 20

더 알아보기 사람이 원소를 만들 수 있다고? · 22   도전! 퀴즈 왕 · 25
질문 있어요! 우주와 지구를 이루는 원소의 비율이 다르다고요? · 26

2 세상은 분자로 북적북적해 분자 이해하기

물질의 비밀을 파헤쳐라! · 28   물질의 성질을 가진 최소 단위, 분자 · 30
세상은 분자로 가득해 · 32   우리 주변의 분자 찾기 · 34
크기도, 구성도 너무너무 다양해 · 36   분자 세상을 상상해 봐! · 38

더 알아보기 신비롭고 놀라운 분자 이야기 · 40   도전! 퀴즈 왕 · 43
질문 있어요! 분자 중에서 제일 큰 분자는 뭐예요? · 44

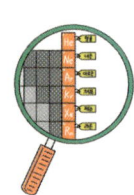

3 물질은 온도에 따라 모습을 바꿔 물질의 상태 변화

기체가 되고 싶은 고체 · 46 온도가 변할 때마다 변신하는 물질 · 48
분자들이 서로를 끌어당긴다고? · 50 녹는점, 어는점, 끓는점 · 52
상태 변화에도 온도는 그대로야! · 54 높은 산에서는 왜 밥이 설익을까? · 56

더 알아보기 물을 기준으로 만든 온도 체계 · 58 도전! 퀴즈 왕 · 61
질문 있어요! 고체, 액체, 기체 외에 다른 상태는 없나요? · 62

4 물질마다 고유의 성질이 있어 물질의 특성

수수께끼 초대장 · 64 설탕물에도 화학이 숨어 있다고? · 66
물질마다 녹는 정도가 달라 · 68 기체의 용해도를 결정하는 것은? · 70
시큼한 산성, 미끈하고 쓴 염기성 · 72 우리 생활 속 산과 염기 · 74
마술처럼 재미있는 지시약 · 76

더 알아보기 알쏭달쏭 용해의 특징 · 78 도전! 퀴즈 왕 · 81
질문 있어요! 염산이 뭐예요? 위험한 건가요? · 82

5 새로운 물질의 탄생 여러 가지 화학 반응

금을 너무나도 만들고 싶었던 과학자 · 84 화학 변화와 물리 변화 · 86
화학 반응의 첫 번째 예, 연소 · 88 화학 반응의 두 번째 예, 산화 · 90
화학 반응의 세 번째 예, 중화 · 92 안정을 좋아하는 화학 반응 · 94
생명 현상에도 화학 반응이 필요해 · 96 화학 반응 덕분에 물건을 만들어 · 98

더 알아보기 중화 반응의 특징과 예 · 100 도전! 퀴즈 왕 · 103
질문 있어요! 화학 반응으로 금을 만들 수 있어요? · 104

①
물질을 쪼개고 쪼개면 뭐가 될까?

원자와 원소

생활 속 과학이 필요한 순간

우리 주변의 물체와 물질

분리배출을 해 본 적 있니? 한 물체가 여러 종류로 이루어져 있을 땐 종류별로 나누어서 버려야 하지. 그러려면 그 물체가 어떤 것들로 이루어져 있는지 잘 살펴봐야 해.

이렇게 사물이나 현상을 잘 관찰하고, 일정한 규칙을 찾아서 분류하는 건 과학의 기본이야. 뉴턴이나 아인슈타인 같은 유명한 과학자들도 관찰하고, 규칙을 찾고, 분류하면서 과학을 발전시켰지. 그러니까 그런 마음가짐과 습관을 갖고 있다면 분리배출을 하면서도 과학을 배울 수 있다는 얘기야.

물체와 물질의 개념부터 확실히 해 두자. 일정한 모양이 있고, 공간을 차지하고 있는 것을 **물체**라고 해. 한번 주위를 둘러봐. 우리 주변에 있는 연필, 가방, 우산, 자전거 등이 모두 물체야.

물체를 만드는 재료를 뭐라고 부를까? 맞아, 바로 **물질**이야! 예를 들어 볼게. 앞에서 한세가 분리배출 한 유리병을 보자. 몸체는 유리, 뚜껑은 플라스틱, 겉에 붙은 스티커는 종이로 만들어졌다고 했지? 이때 유리와 플라스틱, 종이가 물질인 거야. 한마디로 물질이란 물체를 이루는 바탕인 거지.

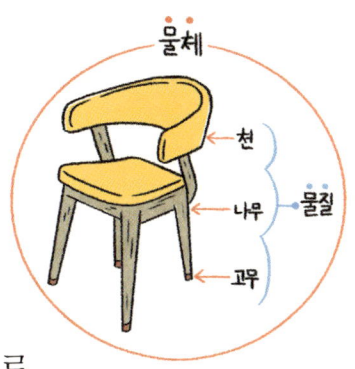

그럼 물체를 제시할 테니 어떤 물질로 이루어져 있는지 써 보자. 우리 집에 있는 물체를 기준으로 쓰면 돼. 정확한 단어가 생각나지 않으면 풀어 써도 좋아. 가령 '스펀지 느낌 나는 거', 이런 식으로 써도 된다는 뜻이야. 최대한 자세하게 나눠 보기로 하자.

우리 주변의 물체와 물질

물체	물질	물체	물질
연필	예: 나무, 연필심(흑연), 겉에 바른 색깔 있는 물감	탁상용 전등	
볼펜		자전거	
가방		스마트폰	

*정답 예시는 105쪽을 참고해 줘.

물질은 나누고 더 나눌 수 있어

 직접 적어 보니까 우리가 평소 별생각 없이 쓰던 물체 하나하나가 정말 다양한 물질로 이루어져 있다는 걸 알겠지?

 특히 스마트폰은 최신 기술을 총동원해서 만든 물체라서 정말 신기한 물질이 많이 들어 있어. 예를 들어 전선을 코팅하기 위한 금, 배터리를 만들 때 필요한 리튬, 진동 기능을 위해 넣는 텅스텐 등 다양한 물질이 들어가지.

 볼펜은 어떨까? 볼펜 몸체는 플라스틱, 볼펜 심은 플라스틱과 금속, 그리고 심 안에는 잉크가 들어 있지. 만약 이만큼 썼다면 100점을 주고 싶어. 관찰력이 대단하다는 뜻이니까.

그런데 잉크는 한 가지 물질로 되어 있을까? 20세기 초 과학자들은 식물의 색소를 분리하기 위해 '크로마토그래피'라는 방법을 생각해 냈어. **크로마토그래피**는 물질마다 이동하는 속도에 차이가 있다는 성질을 이용해서 혼합되어 있는 물질을 분리하는 방법이야. 거름종이에 수성 사인펜으로 점을 찍고 물에 담가 두는 것도 그 방법 중 하나야. 거름종이가 천천히 물을 흡수하면서 잉크 안에 있는 물질을 분리하지.

이렇게 하면 잉크가 번지면서 여러 가지 색이 나타나. 잉크가 여러 가지 색소로 이루어져 있다는 걸 알 수 있지. 물질을 쪼개고 쪼개면 서로 다른 물질로 나눠질 수 있단다!

③ 이것 봐! 잉크의 색소가 분리됐어!

② 물이 담긴 비커에 거름종이를 담그면

물질을 쪼개고 쪼개면 원자가 된다고?

한 가지 물질인 줄 알았는데 쪼개 보면 또 다른 물질로 나눠지다니, 재미있지? 과학자들도 당연히 이 사실에 흥미가 생겼어. 그래서 이렇게 소리쳤지. "그래? 그럼 어디까지 쪼개지는지 한번 해 보자!"라고 말이야.

그렇게 물질 쪼개기 경쟁이 벌어졌어. 쪼개고, 쪼개고, 또 쪼개고……. 계속 반복하다 보니 마침내 더는 쪼갤 수 없는 수준까지 이르렀지. 이렇게 제일 마지막에 쪼개고 남은 작은 것을, 물질을 구성하는 기본 입자라는 뜻의 **원자**라고 부르기로 했어.

원자를 발견하기 전까지는 어떤 과학자가 "에이(A)를 쪼갰더니, 비(B)와 시(C)가 나왔다."라고 연구 결과를 발표하면, 또 다른 과학자가 "시(C)를 쪼갰더니 디(D)와 이(E)가 나왔다."라고 발표하는 식이었어. 이를 거듭한 결과, 과학자들은 더 이상 쪼갤 수 없는 최종 물질을 발견했고, 이 물질에 '원자'라는 이름을 붙인 거야.

원자라고 여겼던 물질이 훗날 더 쪼개지는 일도 많았어. 우리가 아는 원자는 이런 과정을 통해서 하나씩 밝혀진 거란다.

한 가지 짚고 넘어갈 점! 과학자들이 물질을 쪼갤 때 칼 같은 도구를 사용했다고 오해하면 곤란해. 우리가 평소에 사용하는 도구는 원자 세계에서는 너무 크거든.

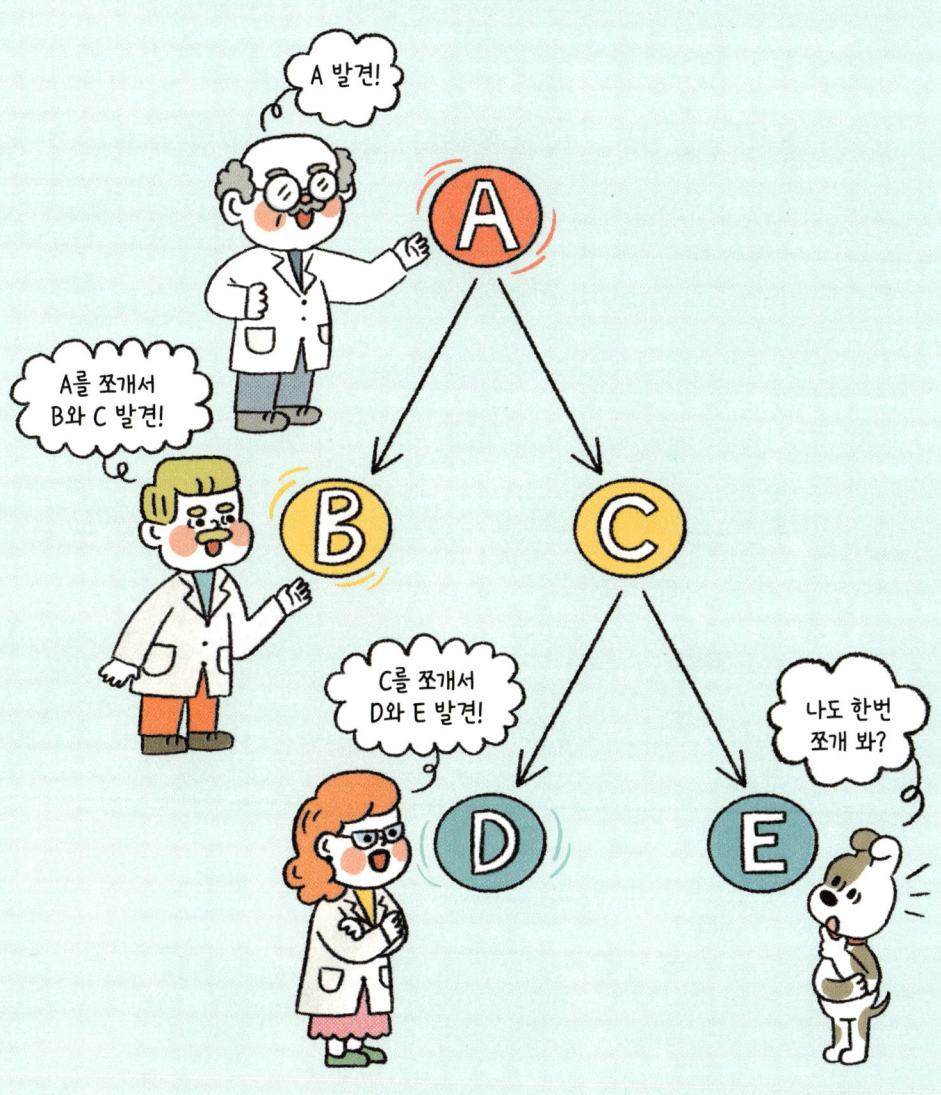

원자와 원소는 어떻게 다를까?

여기서 하나 더! 다른 물질로 분해되지 않으면서 물질을 구성하는 기본 성분을 **원소**라고 해. 흠, 같은 얘기인 것 같은데 원소와 원자의 차이가 뭔지 알쏭달쏭하다고?

예를 들어 볼게. 우리 집 부엌에 여러 가지 과일이 있다고 상상해 봐. 사과가 2개, 배가 3개, 바나나가 5개 있다고 가정하는 거야. 그럼 과일의 종류는 3개, 개수는 10개인 거지? 이때 과일의 종류를 원소, 과일 하나하나를 원자라고 볼 수 있어.

원소는 물질을 구성하는 성분의 종류를 뜻해. 반면 원자는 물질을 구성하는 각각의 입자를 말하지.

원소는 간단한 기호로 표시할 수 있어. 이를 **원소 기호**라고 한단다. 원소 기호는 각 원소 이름의 알파벳 첫 글자를 대문자로 써. 만약 같은 글자로 시작하는 원소가 여러 개라면, 알파벳 첫 글자 옆에 중간의 다른 글자를 골라 소문자로 함께 쓰지.

원소 기호에도 순서가 있어. 원소가 가벼운 것부터 1번이야. 원소 이름 옆에 작게 번호를 써 주는데, 이게 바로 **원자 번호**야.

즉 가장 가벼운 원소인 '수소'가 원자 번호 1번이지. 이런 식으로 원소를 원자 번호의 차례대로 배열하고, 성질이 비슷한 것끼리 일목요연하게 정리한 표가 있어. 그게 바로 **주기율표**야!

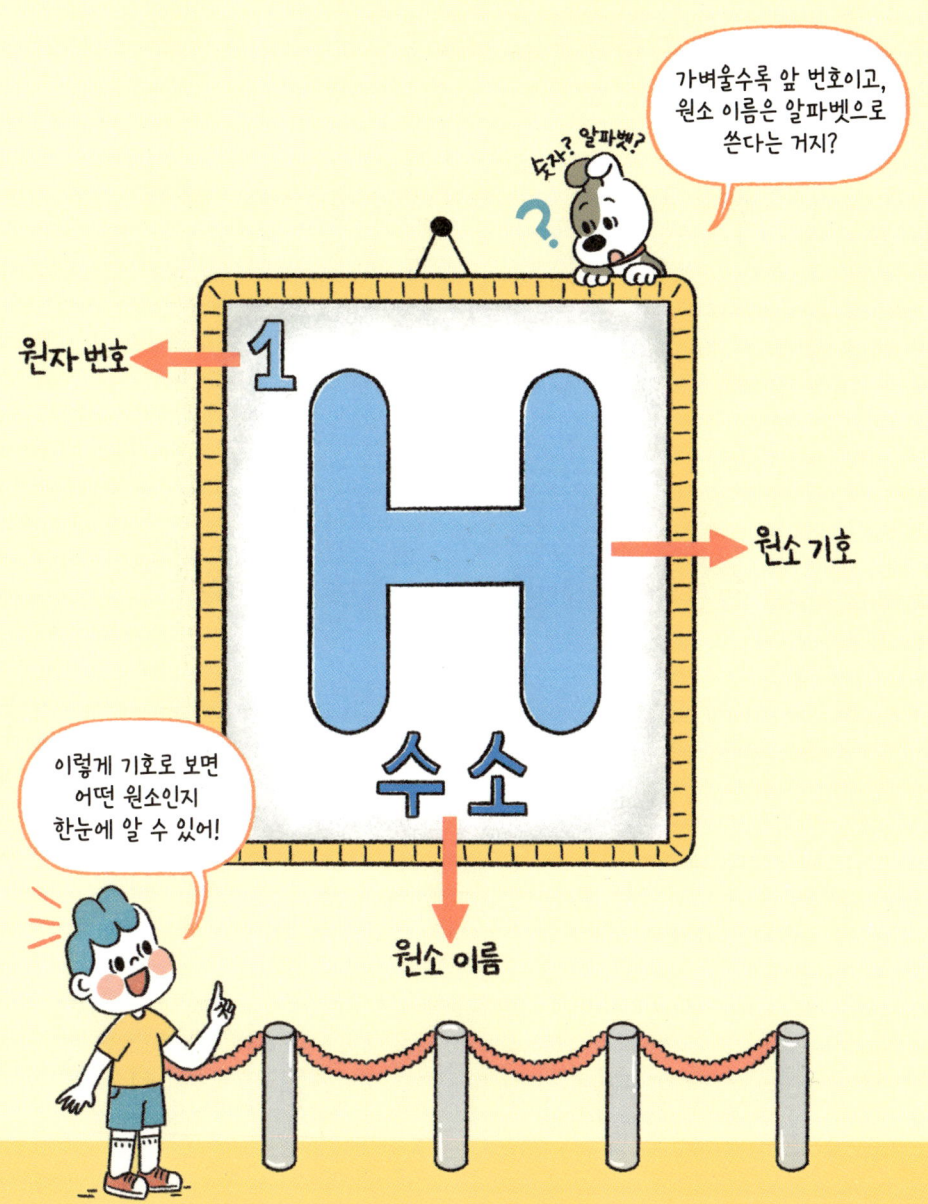

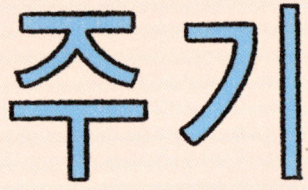

1 H 수소									
3 Li 리튬	4 Be 베릴륨								
11 Na 소듐(나트륨)	12 Mg 마그네슘								
19 K 포타슘(칼륨)	20 Ca 칼슘	21 Sc 스칸듐	22 Ti 타이타늄	23 V 바나듐	24 Cr 크로뮴	25 Mn 망가니즈	26 Fe 철	27 Co 코발트	
37 Rb 루비듐	38 Sr 스트론튬	39 Y 이트륨	40 Zr 지르코늄	41 Nb 나이오븀	42 Mo 몰리브데넘	43 Tc 테크네튬	44 Ru 루테늄	45 Rh 로듐	
55 Cs 세슘	56 Ba 바륨	57~71 란타넘족 (아래 참고)	72 Hf 하프늄	73 Ta 탄탈럼	74 W 텅스텐	75 Re 레늄	76 Os 오스뮴	77 Ir 이리듐	
87 Fr 프랑슘	88 Ra 라듐	89~103 악티늄족 (아래 참고)	104 Rf 러더포듐	105 Db 더브늄	106 Sg 시보귬	107 Bh 보륨	108 Hs 하슘	109 Mt 마이트너륨	

이렇게 많은 걸 어떻게 발견했지?

란타넘족

57 La 란타넘	58 Ce 세륨	59 Pr 프라세오디뮴	60 Nd 네오디뮴	61 Pm 프로메튬	62 Sm 사마륨

악티늄족

89 Ac 악티늄	90 Th 토륨	91 Pa 프로트악티늄	92 U 우라늄	93 Np 넵투늄	94 Pu 플루토늄

대표 원소를 소개할게

주기율표를 보니 복잡하고 어려워 보이지? 그래도 걱정할 필요 없어. 우리가 기억해야 할 원소 친구들은 몇 안 되거든. 우선 아래의 네 친구 수소, 탄소, 질소, 산소만 기억하자. 한번쯤 들어본 이름도 있지? 앞으로 이 원소들은 자주 등장할 거야. 나머지 원소들은 등장할 때마다 소개하는 걸로 할게.

그런데 원소에 대해 아는 게 왜 중요할까? 예를 들어 두 개의 풍선이 있다고 하자. 그중 입으로 분 풍선은 땅으로 가라앉는데, 다른 하나인 헬륨이 들어 있는 풍선은 하늘 높이 날아가. 그건 입으로 분 풍선 안에 주로 들어 있는 질소와 헬륨 풍선 속 헬륨 원소의 성질이 서로 다르기 때문이야.

이처럼 원소를 잘 알면 원소들의 각기 다른 성질을 적절하게 이용하면서 살 수 있단다.

> 더 알아보기

💧 사람이 원소를 만들 수 있다고?

과학자들이 지금까지 찾아낸 원소는 118종이란다. 그런데 이 중에서 원래부터 자연에 존재하는 원소는 약 90종으로 알려져 있어. 우리가 사는 세상이 얼마나 다채롭고 다양한지를 생각한다면, 고작 90종의 원소가 이 모든 세상의 근원이라는 사실이 정말 놀랍지?

그런데 자연에서 난 원소가 90종인데, 어떻게 총 원소가 118종인 거지? 그건 몇몇 과학자들이 원소를 직접 만들어 냈기 때문이야.

원소를 만든 과학자들

도대체 어떻게 원소를 만들었는지 궁금하니? '입자 가속기'라는 장치를 쓰면, 원소를 빛과 비슷한 수준으로 빠르게 움직이게 할 수 있어. 이렇게 가속한 원소를 서로 충돌시키면 새로운 원소가 만들어지기도 해.
그 결과 과학자들은 28종의 원소를 만들어 냈어. 이렇게 인공적으로 만들어 낸 원소를 인공 원소라고 불러. 이들 중 상당수는 엄청 짧은 시간 동안 존재하다 사라진단다.

세계에서 가장 큰 입자 가속기가 있는 '유럽 입자 물리 연구소(CERN)'의 모습이야. 전 세계의 과학자들이 모여 우주를 구성하는 여러 물질들을 연구하고 있지.

원소를 발견해 노벨상을 거머쥔 퀴리 부부

원소를 인공적으로 만들어 내는 것뿐만 아니라 아직 밝혀지지 않은 원소를 발견하는 것도 과학자들의 몫이야. 원소를 발견한 과학자 중 가장 널리 알려진 사람은 퀴리 부부야.

이들은 함께 원소 번호 84번 폴로늄(Po)과 88번 라듐(Ra)을 발견해 1903년 나란히 노벨 물리학상을 탔어. 마리 퀴리는 금속 라듐을 분리하여 1911년 노벨 화학상까지 거머쥐었지. 이로써 마리 퀴리는 최초로 노벨상을 두 번 받은 과학자로 이름을 떨쳤어.

앉아 있는 사람이 마리 퀴리, 서 있는 사람이 남편 피에르 퀴리야. 이들이 발견한 원소 폴로늄은 마리 퀴리의 조국 폴란드를 기리며 붙인 이름이야.

★ 도전! 퀴즈 왕

1. 설명을 잘 읽고, 상자에서 알맞은 단어를 찾아 써 보세요.

> 물체, 물질, 원소, 수소, 원자, 분자, 분모

① 일정한 모양이 있고, 공간을 차지하고 있는 것을 말해요. (   )

② 물체를 만드는 재료를 일컫는 말이에요. (   )

③ 물질을 구성하는 기본 입자를 뜻해요. (   )

④ 물질을 구성하는 성분의 종류를 말해요. (   )

⑤ 가장 가벼우면서, 우주에서 가장 흔한 원소예요. (   )

2. 아래 상자의 글을 읽고 무엇에 대한 설명인지 쓰세요.

> 118종의 원소가 나열된 표예요. 원소를 원자 번호의 차례대로 배열하고, 성질이 비슷한 것끼리 일목요연하게 정리한 것이지요.

정답: 1. ①물체 ②물질 ③원자 ④원소 ⑤수소 2. 주기율표

> 질문 있어요!

우주와 지구를 이루는 원소의 비율이 다르다고요?

지구는 우주의 일부이니까, 지구와 우주를 이루고 있는 원소의 비율도 비슷하다고 생각할지 몰라. 하지만 놀랍게도 둘의 비율은 매우 다르단다. 앞에서 말했듯 우주에서 가장 많은 원소는 수소야. 우주의 약 75퍼센트를 차지하지.

우주에서 두 번째로 많은 원소는 헬륨이야. 헬륨은 수소 다음으로 가벼운 원소로, 약 24퍼센트를 차지하고 있어. 그러니까 수소와 헬륨이 우주 전체 원소 중 약 99퍼센트나 차지하고 있다는 말이지. 다른 모든 원소는 겨우 1~2퍼센트에 불과해.

하지만 지구에서 가장 많은 원소는 철이야. 약 35퍼센트를 차지하고 있지. 우리 눈에 보이지 않지만 땅 깊숙한 곳, 지구의 중심에는 철이 가득하거든. 그다음으로는 산소(약 30퍼센트), 규소(약 15퍼센트), 마그네슘(약 13퍼센트) 등의 순이란다.

② 세상은 분자로 북적북적해

분자 이해하기

물질의 비밀을 파헤쳐라!

물질의 성질을 가진 최소 단위, 분자

더 이상 쪼갤 수 없는 최종 물질, 즉 물질을 구성하는 기본 입자를 원자라고 부른다는 것은 모두들 기억할 거야. 그런데 원자에는 치명적인 문제가 있어. 바로 물질 고유의 성질이 사라진다는 거야. 그렇다면 물질 고유의 성질을 가지고 있으면서 더 쪼갤 수 없는 상태도 있지 않을까?

물론 있어. 이렇게 물질 고유의 성질을 가진 가장 작은 입자를 **분자**라고 해. 아이코, 원자와 분자의 개념이 너무 헷갈린다고? 핵심은 물질의 성질을 가지고 있느냐는 거야. 쪼개고 쪼개다가 물질 고유의 성질을 잃었다면 더 이상 분자가 아니야.

눈치 빠른 친구들은 분자가 원자들로 이루어졌다는 것을 벌써 알아챘을 수도 있겠다! 분자가 원자로 분해되면 물질의 성질을 잃게 된다는 것도 다시 한번 기억해 주면 좋겠어.

원소는 118개밖에 안 되지만 원자들의 조합인 분자의 종류는 셀 수 없이 많아. 지금까지 발견한 분자보다 아직 발견하지 못한 분자가 훨씬 더 많지. 게다가 분자도 인공적으로 만들어

낼 수 있어. 그러니까 앞으로도 무한히 더 많아질 수 있다는 뜻이야. 뉴스에서 '신물질 발견', '신재료 발견'이라고 이야기한다면 '새로운 분자를 발견하거나 만들어 냈구나.'라고 이해하면 돼.

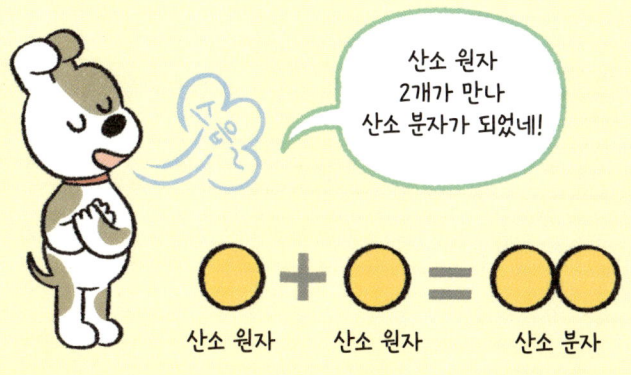

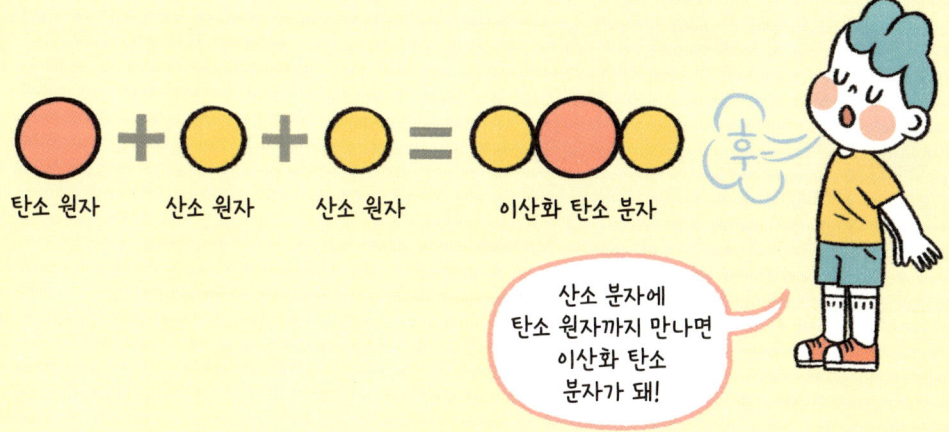

세상은 분자로 가득해

세상은 분자로 가득해. 우리가 한시도 쉬지 않고 들이마시는 공기는 수많은 분자로 이루어져 있어. 공기에서 가장 많은 분자는 바로 질소 분자야. 전체 공기 분자 중 78퍼센트나 되지. 나머지 21퍼센트는 산소 분자이고, 그 외 기체 분자들은 다 합쳐도 1퍼센트 정도밖에 안 돼. 우리는 평소에 질소 분자와 산소 분자로 둘러싸여 살고 있는 셈이지.

바닷물은 어떨까? 바닷물은 물 분자 96.5퍼센트, 물에 녹는 수많은 분자 3.5퍼센트로 이루어져 있어. 3.5퍼센트 중에서 상당수는 소금이야. 그래서 바닷물이 짠 거지. 우리가 바닷물에 첨벙 뛰어들면 물 분자와 소금 분자로 둘러싸이게 되는 거야.

우리 몸도 수많은 분자로 이루어져 있

어. 우리 몸의 66퍼센트는 물이야. 그리고 단백질 16퍼센트, 지방 13퍼센트, 무기 염류 4퍼센트, 탄수화물 0.6퍼센트 등으로 구성돼 있지. 이때 단백질, 지방, 무기 염류, 탄수화물은 매우 다양한 분자들을 아울러 이르는 말이야.

분자는 우리가 상상할 수 없을 만큼 작고, 상상할 수 없을 만큼 많아. 그렇다면 물 1리터 안에는 얼마나 많은 분자가 있을까? 자그마치 숫자 375 뒤에 0을 23개 붙인 만큼이야.

이렇게 큰 숫자는 읽기가 어렵지? 그래서 3.75×10^{25}라고 쓰고, '3.75 곱하기 10의 25제곱'이라고 읽어.

약 37,500,000,000,000,000,000,000,000개!

이렇듯 세상은 여러 분자들로 이루어져 있어. 분자를 잘 알면 우리가 사는 세상도 더 잘 이해할 수 있지.

우리 주변의 분자 찾기

일상생활에서도 쉽게 분자 이름을 찾을 수 있어. 과자나 통조림의 겉 포장지에는 '영양 정보' 또는 '영양 성분'이라고 쓰인 표가 있을 거야. 한번 확인해 보자.

탄수화물, 단백질, 지방, 콜레스테롤, 나트륨……. 이런 단어들이 쓰여 있지? 탄수화물, 단백질, 지방, 콜레스테롤 등은 여러 분자를 아울러 이르는 말이야. 하나의 분자는 아니지만 과자를 이루고 있는 물질이라고 말할 수 있지.

약에는 훨씬 구체적인 분자의 이름이 쓰여 있어. 약품의 겉

포장에는 그 약의 성분을 모두 기록하도록 법으로 정했거든. 거기에 써 있는 이름들은 대부분 분자 이름이라고 볼 수 있어. 그래서인지 이름이 많이 복잡하긴 하다, 그렇지?

  우리 집에 있는 과자나 음료수, 약 중 아무거나 가져와서 물질 또는 분자의 이름을 적어 보자. 각 분자에 어떤 성질이 있는지는 몰라도 돼. 다만 '과자 한 조각, 약 한 알에도 이렇게 다양하고 많은 물질이 들어 있구나!'라고 알 수 있으면 충분해.

크기도, 구성도 너무너무 다양해

분자는 너무나 작아서 맨눈으로 볼 수 없어. 다만 원자를 공 모양이라고 생각하고, 분자 속에서 어떤 원자들이 어떻게 연결되어 있는지를 알면 분자의 모습을 그릴 수 있어. 이렇게 그린 그림을 **분자 모형**이라고 불러. 아주 작은 세계를 과학적으로 그린 상상도라고나 할까.

분자는 정말 다양해. 달랑 원자 한두 개로 이뤄진 분자도 있고, 수천 개 또는 수만 개의 원자로 이뤄진 분자도 있어.

아래 그림을 보자. 왼쪽 그림은 수소 원자 둘, 산소 원자 하나로 이뤄진 물 분자야. 산소 원자 양쪽에 날개처럼 수소 원자가 붙어 있지.

오른쪽 그림은 우리 몸에서 산소를 전달하는 헤모글로빈 분자야. 무려 9512개의 원자로 이뤄져 있어. 너무 복잡해서 원자 하나하나를 나타내기는

어렵고, 과학자들이 알아낸 구조를 바탕으로 대략 그려 낸 거야. 원자가 많이 모여 있다고 해서 헤모글로빈 분자가 크다고 오해하면 곤란해. 물 분자에 비해서는 훨씬 크지만, 헤모글로빈 분자 역시 눈으로 볼 수 없을 만큼 작으니까.

물과 헤모글로빈 분자만 비교해 봐도 분자의 종류가 얼마나 다양한지 짐작할 수 있겠지?

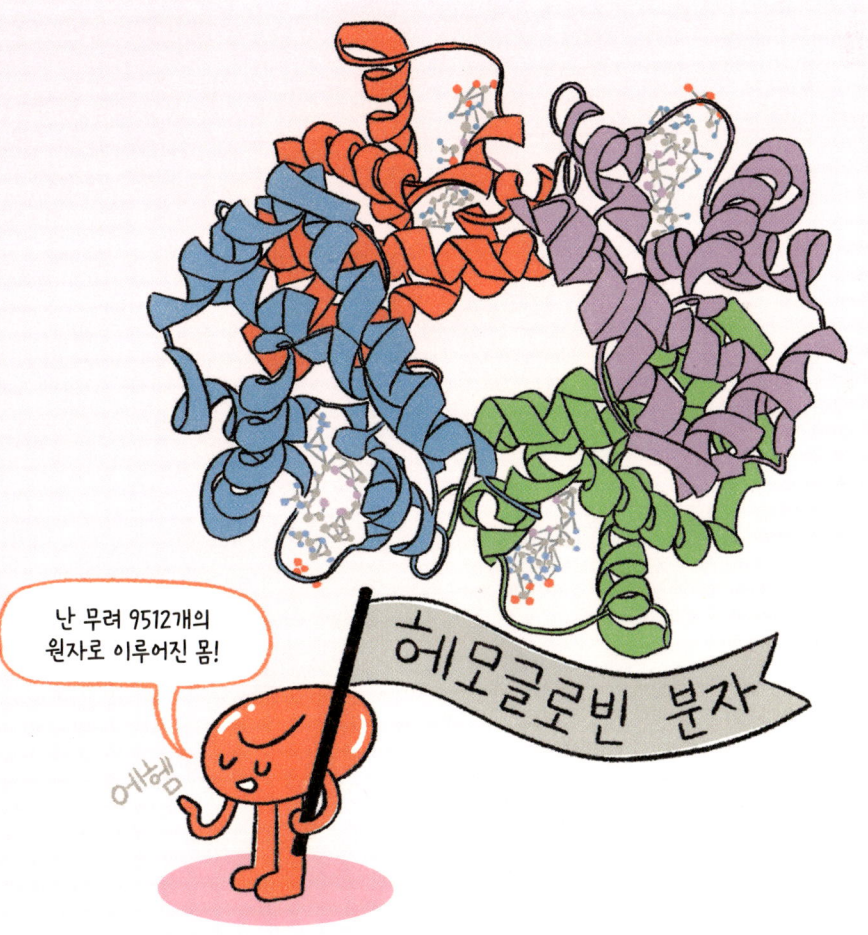

분자 세상을 상상해 봐!

원자, 분자처럼 작은 입자들의 세상을 이해하려는 학문이 바로 **화학**이야. 물질의 구조, 성질, 변화 등을 연구하지. 눈으로 볼 수 없는 것을 이해하려면 상상력이 필수야. 지금부터 기온이 약 20도일 때 공기 분자가 어떤 상태인지 설명할 테니 상상해 봐!

첫째, 공기는 매우 작은 수많은 분자들로 이루어져 있어. 질소, 산소, 수많은 기체 분자들을 아울러서 '공기 분자'라고 할게.

둘째, 공기 분자와 다른 공기 분자는 평균적으로 공기 분자 지름의 약 13배 정도 떨어져 있어. 공기 분자 13개를 한 줄로 길게 늘어뜨린 만큼 떨어져 있단 뜻이야.

셋째, 공기 분자는 정말 빠르게 움직여. 무려 1초에 480미터나 갈 수 있지.

넷째, 공기 분자 하나는 1초에 50억 번 다른 공기 분자와 충돌해.

어때? 수없이 많은 공기 분자들이 엄청나게 빠른 속도로 움직이면서 서로 부딪치는 모습이 그려져? 그게 바로 분자의 세상이야! 이렇게 분자의 모습을 머릿속에 그리면서 읽으면 화학이 조금 더 쉬워질 거야.

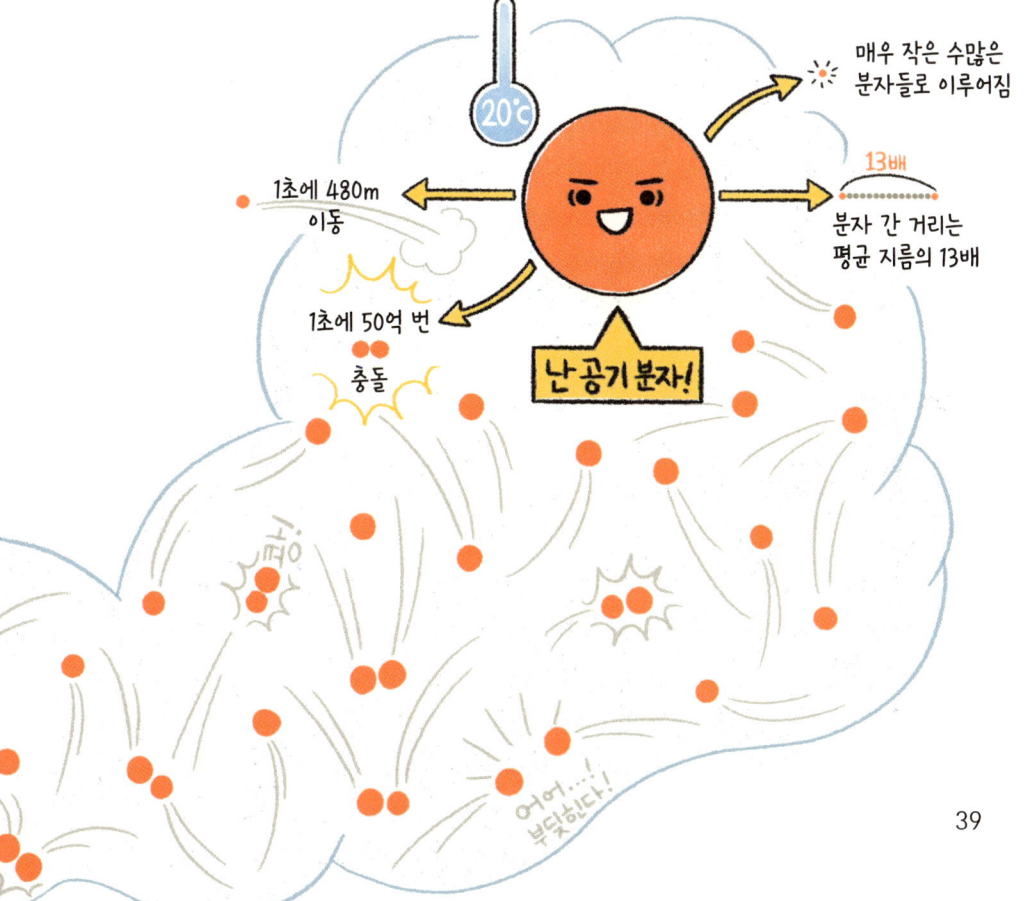

🟠 신비롭고 놀라운 분자 이야기

보통 원자는 혼자 있으면 불안정해서 단독으로 존재하지 않고 다른 원자와 잘 화합해. 그래서 하나의 원자로 이루어진 분자도 있지만, 많은 분자가 두 개 이상의 원자로 이루어져 있어.

원자의 상태를 결정하는 것은?

원자의 중심부에는 '원자핵'이 있고, 이 주위를 '전자'라고 하는 입자가 돌고 있어. 원자가 가진 전자의 개수에 따라 원자가 안정적인 상태인지, 불안정한 상태인지 결정되지. 원자마다 가장 안정적인 전자의 개수는 정해져 있어. 그런데 이 개수에서 한두 개가 부족하면 이를 다른 원자에게서 얻기 위해 반응해. 반대로 한두 개가 넘치면 이를 다른 원자에게 주기 위해 반응하지.

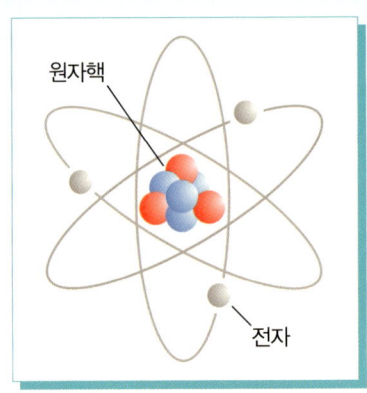

원자 번호 3번 리튬(Li)의 원자 모형이야. 가운데 원자핵이 있고, 그 주위를 전자들이 뱅글뱅글 돌고 있어.

혼자 있어야 안정적인 단원자 분자

혼자서도 매우 안정적으로 존재할 수 있는 원자가 있어. 앞에서 본 주기율표에서 제일 오른쪽에 있는 원자들, 즉 헬륨, 네온, 아르곤 등이 그런 원자들이야. 헬륨, 네온, 아르곤은 원자 하나가 곧 분자야.

이렇게 원자 한 개로 이루어진 분자를 '단원자 분자' 혹은 '일원자 분자'라고 불러. 단원자 분자는 이미 가장 안정적인 전자의 개수를 갖고 있기 때문에 다른 원자와 반응하려 하지 않아. 또 분자니까 당연히 물질 고유의 성질도 가지고 있어.

짝꿍이 있어야 안정적인 분자들

반면 두 개의 원자로 이루어진 '이원자 분자'와 세 개 이상의 원자로 이루어진 '다원자 분자'도 있어. 예컨대 수소는 수소 원자 2개로 이루어져 있으니 이원자 분자야. 수소 원자 2개와 산소 원자 1개로 이루어져 있는 물은 다원자 분자이지. 이렇듯 분자의 종류에 따라 결합하는 원자가 모두 다르단다.

분자가 탄생하는 과정을 포착한 과학자들

오랜 연구 끝에 2020년 우리나라 기초과학연구원(IBS) 연구팀은 분자가 탄생하는 모든 순간을 관찰하는 데 성공했어. 세계 최초로 원자가 결합해 분자가 되는 과정을 실시간으로 관찰한 거야! 이들은 앞으로 우리 몸속에서 일어나는 화학 반응을 밝혀낼 거라고 해.

기초과학연구원에서 연구 성과를 발표하고 있는 모습이야. 우리나라 과학자들이 화학 반응의 시작부터 끝까지 전 과정의 원자 움직임을 관찰했다니, 정말 대단하지?

★ 도전! 퀴즈 왕

1. 아래 글을 잘 읽고 괄호 안의 단어 중 맞는 것에 동그라미 치세요.

> 물질 고유의 (맛, 성질)을 가진 가장 (큰, 작은) 입자를 분자라고 해요. 분자가 원자로 분해되면 물질의 (맛, 성질)을 잃게 돼요.

2. 다음 설명을 잘 읽고 맞으면 O, 틀리면 X 표시 하세요.

- 원소와 달리 분자의 종류는 셀 수 없이 많아요. (　　)
- 분자를 인공적으로 만들어 낼 수 있어요. (　　)
- 종류에 상관없이 분자의 크기는 모두 비슷해요. (　　)
- 모든 분자는 한 개의 원자로 이루어져 있어요. (　　)

3. 공기 분자의 특징으로 틀린 것을 고르세요.

① 공기는 매우 작은 수많은 분자들로 이루어져 있어요.
② 공기 분자들은 평균적으로 자기 지름의 약 13배 정도 서로 떨어져 있어요.
③ 공기 분자는 1초에 무려 480미터나 갈 수 있어요.
④ 공기 분자 하나는 1초에 50억 번 다른 공기 분자와 충돌해요.
⑤ 공기 분자는 크고 무거워서 우리 눈으로도 관찰할 수 있어요.

정답: 1. 성질, 작은, 성질 2. O, O, X, X 3. ⑤

> 질문 있어요!

 분자 중에서 제일 큰 분자는 뭐예요?

자연계에서 가장 큰 분자는 우리 몸속에 있어. 바로 세포 속에서 우리의 유전 정보를 담고 있는 디엔에이야! 세포 안에 돌돌 말려 들어 있는데, 이를 꺼내 풀면 길이가 약 2미터나 된단다. 상상할 수도 없을 만큼 많은 수의 원자로 이루어진 분자이지.

인공적으로 만든 분자까지 포함한다면 '제일 큰 분자'를 말하기 어려워. 왜냐면 탄소 화합물(탄소가 다른 원소와 화합한 것)인 그래핀이나 탄소 섬유 등은 원하는 만큼 크게 만들 수 있거든.

이렇게 수백 개 이상의 원자로 구성된 분자를 '고분자'라고 불러. 고분자는 크게 두 가지로 나뉘어. 녹말, 단백질, 탄수화물, 디엔에이 등 자연적으로 만들어지는 건 천연 고분자야. 한편 플라스틱, 합성 섬유, 합성 고무 등 인공적으로 만든 건 합성 고분자이지.

③ 물질은 온도에 따라 모습을 바꿔

물질의 상태 변화

기체가 되고 싶은 고체

온도가 변할 때마다 변신하는 물질

　우리가 사는 세상은 온도에 따라 봄, 여름, 가을, 겨울로 모습이 달라져. 이처럼 물질도 온도에 따라 모습이 바뀐단다. 그 모습을 각각 고체, 액체, 기체라고 불러.

　꽁꽁 얼어 있는 차가운 얼음을 떠올려 봐. 여러 가지 모양의 그릇에 옮겨 담아도 얼음은 자기의 모양을 그대로 간직할 거야. 이렇게 담는 그릇에 관계없이 모양과 부피(물체가 공간에서 차지하는 크기)가 변하지 않는 물질의 상태를 **고체**라고 불러.

　얼음이 녹아 물이 되면 어때? 여러 가지 모양의 그릇에 옮겨 담으면 그릇의 모양대로 찰랑거리며 물의 모양도 변하지? 이렇게 담는 그릇에 따라 모양은 변하지만, 부피는 변하지 않는 물질의 상태를 **액체**라고 해.

　이번엔 물이 수증기로 바뀐다고 생각해 보자. 사실 수증기는 우리 눈에 보이지 않아서 어떤 모습일지 상상하기 어려워. 그럴 땐 공기 같은 성질을 갖는다고 생각하면 돼. 수증기는 공기 중에 있거든. 공기처럼 담는 그릇에 따라 모양이 변하고, 그릇을

가득 채우는 물질의 상태를 **기체**라고 하지.

 이처럼 우리 주변에 있는 물질은 온도에 따라 고체, 액체, 기체의 세 가지 상태로 변할 수 있어. 이처럼 물질의 상태가 변하는 현상을 **상태 변화**라고 하지.

분자들이 서로를 끌어당긴다고?

떨어져 있는 물체끼리 서로 끌어당기는 힘을 **인력**이라고 해. 놀랍게도 분자 사이에서도 인력이 작용하고 있어. 게다가 고체, 액체, 기체라는 물질의 상태에 따라서 인력에 차이가 있지.

액체 상태에서는 물 분자 사이의 인력이 약해. 멀리 흩어지지는 않지만 단단히 결합해 어떤 모양을 만들 정도까지는 아닌, 딱 그 정도의 힘으로 서로를 끌어당겨. 액체 상태의 물 분자는 기체 상태일 때처럼 빠르게 움직이면서 충돌하지는 않지만, 여전히 서로 엎치락뒤치락 움직이고 있어.

물의 온도를 낮추면 어떻게 될까? 눈으로 볼 수는 없지만 물 분자의 움직임은 점점 느려질 거야. 그러다가 액체였던 물은 얼음이 되지. 고체 상태에서의 물 분자는 액체 상태일 때보다 인

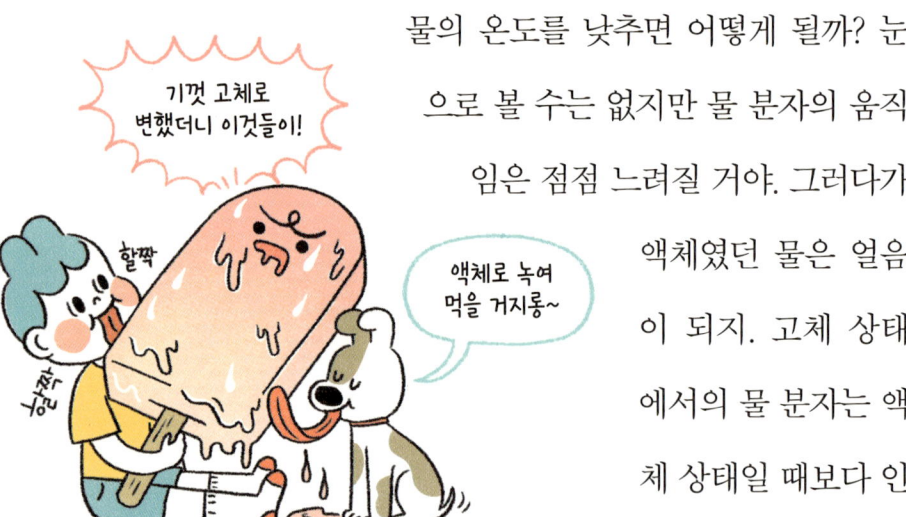

력이 훨씬 강해. 분자들이 촘촘하게 붙어 있으니 단단한 모양을 만들 수도 있는 거야.

반대로 물의 온도를 높이면 어떻게 될까? 이번에는 물 분자의 움직임이 빨라져. 그러다가 100도에 이르면 기체 상태로 바뀌게 되지. 그게 바로 수증기야! 수증기는 분자 사이의 거리가 가장 멀어서 인력도 가장 약해진단다.

지금까지 배운 물질의 상태에 따른 부피, 모양, 분자 사이의 인력을 한눈에 보기 쉽게 정리해 볼까?

	고체	액체	기체
부피	변하지 않음	변하지 않음	변할 수 있음
모양	변하지 않음	변할 수 있음	변할 수 있음
분자 사이의 인력	큼	보통	거의 없음

녹는점, 어는점, 끓는점

물이 얼음이나 수증기로 변하는 순간을 결정하는 건 바로 온도라고 한 것 기억나? 물질이 고체에서 액체로 녹기 시작할 때의 온도를 **녹는점**이라고 해.

반대로 액체에서 고체로 얼기 시작할 때의 온도를 **어는점**이라고 불러. 같은 물질인 경우 녹는점과 어는점은 같아. 잘 생각해 봐. 얼음이 물이 되어 가든, 물이 얼음이 되어 가든 액체와 고체가 뒤섞여 있는 동일한 온도를 가리키는 거 아니겠어? 그래서 물의 녹는점과 어는점은 0도로 같아.

액체가 기체로 변할 때는 어떨까? 액체가 끓기 시작해 기체로 바뀌는 때의 온도를 **끓는점**이라고 해.

물질의 종류에 따라 녹는점, 어는점, 끓는점은 달라. 하지만 같은 물질일 경우 녹는점과 어는점, 끓는점은 양에 상관없이 늘 같아.

상태 변화에도 온도는 그대로야!

간단한 실험으로 녹는점(어는점), 끓는점에 대해 좀 더 알아보자. 먼저 그릇에 물을 붓고 온도계를 꽂은 다음 냉동실에 꽝꽝 얼려 봐.

이렇게 오랫동안 두면 온도계에 표시된 온도가 냉동실 설정 온도만큼 내려가 있을 거야. 그런 다음 이 그릇을 가스레인지나 알코올램프 같은 가열 장치 위에 올려놓고 서서히 열을 가하는 거야.

실험 결과 오른쪽 그림과 같은 그래프가 만들어져. 고체를 가열하면 온도가 점점 높아지겠지? 그러다가 고체가 액체로 녹으면서 고체와 액체가 뒤섞여 있는 시점이 와. 이때 계속해서 열을 줘도 온도가 더 오르지 않고 일정하게 유지되는 구간이 바로 녹는점이야.

물질이 모두 녹아서 액체가 되면 온도는 다시 높아져. 이번엔 액체가 점점 기체로 바뀌면서 액체와 기체가 뒤섞여 있는 시점이 오지. 이때도 온도는 더 높아지지 않고 그대로 유지되는 구간이 와. 맞아, 바로 끓는점이야!

녹는점과 끓는점에서 대체 무슨 일이 일어나기에 온도가 유지되는 거냐고? 상태 변화가 일어나려면 에너지가 필요해. 열에너지를 모두 상태 변화에 쓰기 때문에 물의 온도가 높아지지 못하는 거야.

높은 산에서는 왜 밥이 설익을까?

　같은 물질이라면 녹는점, 어는점, 끓는점은 늘 같은 온도야. 그런데 끓는점은 상황에 따라 달라질 수 있단다. 늘 같다면서 상황에 따라 달라진다니, 엉뚱하게 들릴 수도 있겠다. 끓는점이 달라지게 만드는 것은 바로 압력이야!

　압력은 일정한 넓이의 면을 위에서 아래로 누르는 힘이야. 물질이 받는 압력이 낮으면 끓는점이 낮아지고, 압력이 높으면 끓는점도 높아져.

　물을 끓일 때 분자 세상은 어떨지 상상해 보자. 물 분자는 뜨거워질수록 빨리 움직이다가 100도에 이르면 기체로 바뀔 거야. 그런데 이때 위에서 누가 꾹 누른다면? 기체의 부피는 줄어들고, 분자 사이의 거리도 가까워지겠지? 기체가 되려면 분자 사이의 거리

가 넓어져야 하는데 그게 어려워지는 거지. 이처럼 압력이 높으면 100도보다 더 높은 온도가 되어야 물이 끓을 수 있어.

　높은 산에서 밥을 하면 밥이 설익는다는 이야기 들어 봤니? 땅에서 멀어져 위로 올라갈수록 공기의 양이 줄어들어서 대기의 압력이 약해져. 그래서 물이 100보다 낮은 온도에서도 끓지. 쌀이 채 익지도 않은 상태에서 물이 수증기로 다 빠져나가게 되어 밥이 설익는 거야.

더 알아보기

🔥 물을 기준으로 만든 온도 체계

오늘날의 온도 체계는 물을 기준으로 만들어졌어. 그 이유는 물이 가장 흔하면서도 가장 중요한 물질이기 때문이야. 또 물은 상온에서 고체, 액체, 기체의 모습을 모두 쉽게 관찰할 수 있는 물질이기도 하거든. 그런데 나라마다 주로 쓰는 온도 체계가 다를 수도 있다는 거 알아? 지금부터 전 세계에서 널리 쓰이고 있는 두 종류의 온도 체계를 소개할게.

물의 어는점과 끓는점을 100으로 나눈 섭씨온도

어떻게 딱 물의 어는점은 0도, 끓는점은 100도가 된 걸까? 그건 물의 어는점과 끓는점에 맞춰 온도 체계를 만들었기 때문이야. 물의 어는점을 0도, 끓는점을 100도라고 정한 다음, 구간을 100으로 등분하여 온도를 정했지. 이게 우리가 일상생활에서 널리 쓰는 섭씨온도야. 기호로 ℃(도)라고 써.

우아, 이 분이 우리가 쓰는 온도 체계를 만들었대!

섭씨온도는 1742년 스웨덴 천문학자 안데르스 셀시우스가 만들었어. 처음에 셀시우스는 물의 끓는점을 0도, 어는점을 100도로 정했어. 훗날 다른 과학자가 이를 뒤집어 현재의 온도 체계가 자리 잡은 거지.

물의 어는점과 끓는점을 180으로 나눈 화씨온도

대부분의 나라가 섭씨온도 체계를 이용하고 있지만 미국, 바하마, 미얀마 등 몇몇 나라에서는 화씨온도를 써. 화씨온도는 물의 어는점을 32도, 끓는점을 212도로 정하고 그 사이를 180으로 등분한 거야. 기호로 °F(도)라고 써.

처음 화씨온도가 생겼을 때는 영국, 캐나다, 오스트레일리아 등 여러 나라에서 쓰였지만, 1960년대 말부터 대부분의 나라가 사용하기 편리한 섭씨온도로 바꾸었어.

화씨온도는 섭씨온도보다 20년가량 앞서 만들어졌어. 1714년 독일의 물리학자 파렌하이트는 정교한 온도계를 개발하던 중, 가느다란 유리관에 수은을 집어넣어 현대의 온도계와 비슷한 실용적인 온도계를 만들었어.

파렌하이트 온도계의 수은은 주변 온도 변화에 따른 팽창과 수축이 다른 물질보다 일정하고, 적은 양으로도 정확하게 압력을 잴 수 있다는 장점이 있었지. 그러다가 1724년 화씨온도를 만들어 온도계의 눈금을 정한 거야.
화씨온도가 만들어진 후 훗날 다른 과학자들이 새로운 온도의 표준을 만들면서 온도 체계가 점점 발전했던 거란다.

화씨온도를 만든 파렌하이트의 모습이야. 파렌하이트는 물의 어는점과 끓는점을 분수로 표현해 사용하기 불편했던 뢰머의 온도 체계를 더 편리하게 바꾸었어.

섭씨온도와 화씨온도는 각기 다른 기준으로 만들어졌구나.

최초로 온도계를 발명한 사람은 이탈리아의 과학자 갈릴레오 갈릴레이야. 1593년에 투명한 액체가 들어 있는 유리관에 여러 다른 물체를 넣어 둔 뒤, 주변 온도의 변화에 따라 유리관 속 물체가 떠오르거나 가라앉는 것을 보고 온도를 측정했다고 해. 오른쪽은 갈릴레이의 제자들이 갈릴레이의 발상과 이름을 따서 만든 '갈릴레이 온도계'야.

★ 도전! 퀴즈 왕

1. 아래 글을 읽고 '고체', '액체', '기체' 중 알맞은 것을 써 보세요.

① 담는 그릇에 따라 모양은 변하지만, 부피는 변하지 않는 물질의 상태예요. (   )

② 담는 그릇에 따라 모양이 변하고, 그릇을 가득 채우는 물질의 상태예요. (   )

③ 담는 그릇에 관계없이 모양과 부피가 변하지 않는 물질의 상태를 말해요. (   )

2. 왼쪽 설명에 알맞은 단어를 찾아 줄을 그어 보세요.

① 물체가 공간에서 차지하는 크기예요.	㉠ 부피
② 액체가 끓기 시작해 기체로 바뀌는 때의 온도예요.	㉡ 녹는점
③ 고체에서 액체로 녹기 시작할 때의 온도예요.	㉢ 어는점
④ 액체에서 고체로 얼기 시작할 때의 온도예요.	㉣ 끓는점
⑤ 일정한 넓이의 면을 위에서 아래로 누르는 힘이에요.	㉤ 압력

정답 1. ①액체, ②기체, ③고체 2. ①㉠ ②㉣ ③㉡ ④㉢ ⑤㉤

> 질문 있어요!

고체, 액체, 기체 외에 다른 상태는 없나요?

고체, 액체, 기체 외에 제4의 물질 상태로 알려진 것이 있어. 바로 '플라스마'라는 상태야. 기체 상태의 물질에 계속 열을 가하면, 기체 분자가 원자핵과 전자로 분리되는데, 이때 상태를 플라스마라고 해.

우리는 앞서 물질을 구성하는 기본 입자를 '원자'라고 한다고 배웠어. 원자는 가운데에 원자핵이 있고, 그 주변을 전자가 둘러싸고 있는 구조야. 보통 원자핵과 전자는 가까이 붙어 있는데, 플라스마는 강력한 전기장이나 열로 이들이 뚝 떨어진 상태지.

자연계에서 볼 수 있는 플라스마의 예로는 번개, 오로라 등이 있어. 또 형광등, 네온사인 등도 모두 플라스마를 이용한 기기야. '원자핵과 전자의 분리'라는 개념이 다소 어렵지만, 플라스마는 우리 주변에서 많이 찾을 수 있는 꽤 친숙한 상태란다.

④ 물질마다 고유의 성질이 있어

물질의 특성

수수께끼 초대장

*지시약에 대한 궁금증은 76~77쪽을 참고해 줘.

설탕물에도 화학이 숨어 있다고?

요리를 할 때 소금이나 설탕을 많이 써. 소금과 설탕이 사르르 녹으면 음식의 맛이 더 좋아지지. 이렇게 어떤 물질이 다른 물질에 녹아 고르게 섞이는 현상을 **용해**라고 해. 이때 소금이나 설탕처럼 다른 물질에 녹는 것을 **용질**이라고 하고, 물처럼 다른 물질을 녹이는 것을 **용매**라고 부르지. 소금물이나 설탕물과 같이 용질과 용매가 골고루 섞여 있는 물질을 **용액**이라고 한단다.

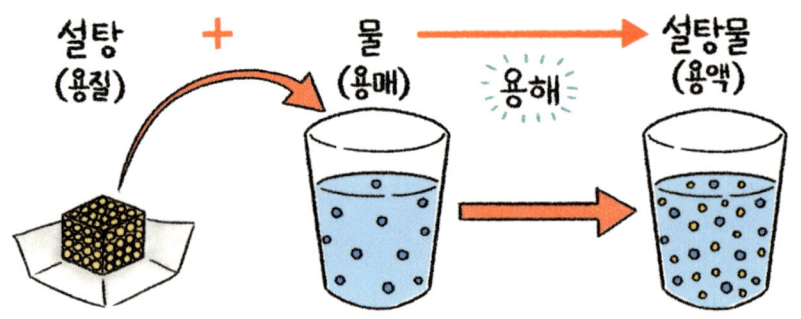

설탕물이 만들어질 때 분자 세상에서는 어떤 일이 일어나는지 상상해 볼까?

설탕은 설탕 분자가 뭉쳐 있는 덩어리라고 할 수 있어. 서로 꼭 붙어 있지. 이 설탕을 물에 넣으면 물 분자들이 설탕 가루의 가장 바깥 부분을 마구 때려. 이때 충격으로 떨어져 나온 설탕 분자들이 물 분자와 섞이지. 이렇게 설탕이 물에 녹아 고르게 섞이는 것을 용해라고 하는 거야.

설탕 분자들은 물 분자와 뒤섞이면서 컵 전체로 골고루 퍼져. 시간이 어느 정도 지난 뒤에는 컵의 아무 곳에나 빨대를 꽂아서 먹어도 똑같이 단맛이 날 거야.

물질마다 녹는 정도가 달라

 일정한 온도에서 용매 100그램에 최대한 녹을 수 있는 용질의 양을 **용해도**라고 해. 용해도는 용매의 종류와 온도에 따라 달라져. 일반적으로 고체와 액체는 온도가 높을수록 용해도가 증가하고, 온도가 낮을수록 용해도가 감소해. 예컨대 소금보다 설탕이 물(용매)에 잘 녹고, 설탕은 차가운 물보다는 따뜻한 물에 더 잘 녹는단다.

 물질의 여러 가지 성질 중에서 다른 물질과 구별되는 고유한 성질을 **물질의 특성**이라고 해. 용해도는 같은 온도에서 물질에 따라 고유한 값을 가지고 있으므로 물질의 특성이야. 앞에서 배운 녹는점, 어는점, 끓는점 역시 물질의 특성이라고 할 수 있지.

 물질의 특성을 이용하면 섞여 있는 물질을 분리할 수 있어. 예를 들어 볼까? 물과 에탄올은 무색의 투명한 액체라 겉모습이 비슷해. 만약 이 두 액체가 섞였다면 끓는점을 이용할 수 있어. 물의 끓는점은 100도이지만, 에탄올의 끓는점은 78도이거든. 혼합물을 가열하면 끓는점이 낮은 에탄올이 먼저 끓어 나오고, 끓는점이 높은 물이 나중에 끓어 나와서 분리할 수 있지.

이처럼 서로 다른 물질의 특성을 이용해 섞여 있는 물질을 분리하는 과정을 만화로 보자.

〈실험실에서 일어난 일〉

기체의 용해도를 결정하는 것은?

고체나 액체뿐만 아니라 기체도 녹아. 콜라, 사이다 같은 탄산음료를 컵에 따르면 보글보글 거품이 일어나고, 마시면 톡 쏘는 맛이 나잖아? 그건 탄산음료에 녹아 있던 이산화 탄소라고 하는 기체 덕분이야. **이산화 탄소**는 물에 잘 녹고, 물과 반응하면 탄산을 만들어 낸다는 특징이 있어.

설탕 같은 고체를 물에 빨리 녹이려면 휘휘 젓거나 뜨거운 물을 사용해. 그렇다면 기체는 어떻게 해야 잘 녹을까? 기체의 용해도를 결정하는 건 뭘까?

우선 용매의 종류가 무엇인지가 중요해. 용매가 같다면 기체의 용해도는 온도와 압력에 따라 달라지거든. 기체는 온도가 높아지면 분자의 운동이 활발해져서 용매에 녹아 있지 않고 빠져나가는 성질이 있어. 그러니까 기체의 용해도를 높이려면 온도를 낮춰야 한다는 말이지.

고체와 액체의 용해도는 압력의 영향을 거의 받지 않는 반면, 기체의 용해도는 온도가 낮을수록 높아지고, 압력이 높을수록 높아져. 고체, 액체, 기체라는 물질의 상태에 따라 용해도가 달라진다는 게 신기하지?

시큼한 산성, 미끈하고 쓴 염기성

또 하나, 중요한 물질의 특성을 소개할게. 바로 산성과 염기성이야.

물질은 산성, 중성, 염기성이라는 각각 다른 성질을 가지고 있어. 물질이 산성을 띠는지, 염기성을 띠는지는 리트머스 종이(리트머스의 수용액을 물들인 거름종이)로 확인할 수 있단다.

푸른색 리트머스 종이를 붉은색으로 변하게 하는 성질은 **산성**이야. 산의 성질이 있다는 뜻이지. 반면 붉은색 리트머스 종이를 푸른색으로 변하게 하는 성질은 **염기성**이야. 염기의 성질을 지니고 있다는 뜻이야.

산성은 식초처럼 신맛을 내는 성질이 있고, 염기성은 만지면 비누처럼 미끈거리고, 쓴맛을 내는 성질을 가지고 있어. 산성도, 염기성도 나타내지 않으면 **중성**이라고 하지.

산성이나 염기성의 정도는 피에이치미터(pHmeter)라는 기기를 사용해서 측정해. 피에이치(pH)는 산성 또는 염기성의 정도를 나타내는 단위로 0부터 14까지 숫자로 나타내지. 0에 가까울수록 산성이 강하고, 14에 가까울수록 염기성이 강한 거야. 한 가운데인 7이면 산성도, 염기성도 아닌 중성인 거란다.

이처럼 산성과 염기성도 물질마다 고유한 값을 가지고 있어서 물질의 특성이라고 할 수 있어!

여러 가지 물질의 pH

우리 생활 속 산과 염기

산성을 나타내는 물질을 **산**, 염기성을 나타내는 물질을 **염기**라고 불러.

pH 0에 가까운 염산, 황산, 질산 등은 산성이 매우 강해서 우리 몸에 닿으면 살이 타서 화상을 입게 될 정도야. 산은 금속과 만나면 금속을 녹이는 성질이 있어. 그래서 산성비가 내리면 동상에 녹이 슬어 색이 변하기도 해.

요리할 때 쓰는 식초에는 '아세트산'이라는 물질이 들어 있어. 아세트산은 pH 3 정도의 꽤 강한 산인데, 신맛과 특유의 향이 있지. 아세트산을 3~5퍼센트의 농도로 물에 녹여 만든 것이 식초야.

소독할 때 쓰는 흔히 쓰는 락스 알지? '차아염소산 나트륨'이라는 염기를 4~5퍼센트의 농도로 물에 녹여 만든 거야. 염기는 단백질을 녹이는 성질을 가지고 있어. 우리 몸은 단백질로 돼 있어서 염기를 만나면 분해돼. 비누처럼 약한 염기는 몸에 해롭지 않지만, 수산화 나트륨, 수산화 칼륨 같이 염기가 강한 물질은 몸에 닿지 않도록 조심해서 다뤄야 하지.

산과 염기는 그 자체로 유용하지만, 다양한 화학 반응을 일으켜서 우리 생활에 필요한 물질을 만들어 내기도 해. 우리가 유용하게 사용하는 물질의 발전에 산과 염기가 지대한 공을 세웠다고 해도 과언이 아냐.

마술처럼 재미있는 지시약

어떤 용액이 산성인지 염기성인지 알고 싶은데 피에이치미터가 없으면 어떻게 해야 할까? 피에이치미터가 발명되기 훨씬 전부터 과학자들은 산과 염기를 구별할 방법을 연구했어. 그 결과 어떤 용액은 산성 또는 염기성일 때 특정한 색깔을 나타낸다는 사실을 발견했지. 이를 이용해서 산성과 염기성을 구분할 수 있게 되었어. 이렇게 어떤 용액을 만났을 때, 용액의 성질에 따라 눈에 띄는 변화가 나타나는 물질을 **지시약**이라고 불러.

지시약 중에서 가장 유명한 건 앞서 등장했던 리트머스 종이일 거야. 혹시 과학 시간에 페놀프탈레인 용액을 이용해 본 적이 있니? 페놀프탈레인 용액은 산성이나 중성에서는 색깔의 변화가 없지만, 염기성 용액에서는 붉은색으로 변하는 지시약이야.

이것을 이용하면 염기성 용액과 염기성 용액이 아닌 것을 구별할 수 있지.

　예전에는 지시약을 사용해 마술 공연을 하기도 했어. 물에 액체 딱 한 방울을 떨어뜨렸더니 물 전체가 붉게 변하는 거야. 관객들이 얼마나 신기했겠어? 물론 우리는 그게 지시약 때문이라는 걸 알고 있으니 놀랄 일은 없겠지?

더 알아보기

알쏭달쏭 용해의 특징

액체가 다른 액체에 녹는 현상도 용해야. 한 예로 물과 에탄올이 있어. 둘은 아주 잘 섞이지. 그럼 물과 에탄올 중에서 뭐가 용매고 뭐가 용질일까? 액체와 액체가 섞일 때 양이 더 많은 쪽이 용매고, 적은 쪽이 용질이 돼. 양이 같다면 보통 부피가 큰 걸 용매, 작은 걸 용질이라고 볼 수 있지. 용해의 몇 가지 특징을 더 알아볼까?

섞어도 질량은 변하지 않아

설탕물을 만드는 과정을 떠올려 봐. 섞기 전 설탕과 물의 질량(물체 고유의 양)은 섞은 후 설탕물의 질량과 같아. 용해가 일어날 때 용매와 용질의 분자가 새로 생기거나 사라지지는 않아. 그러니 섞어도 질량에는 변화가 없는 거지.

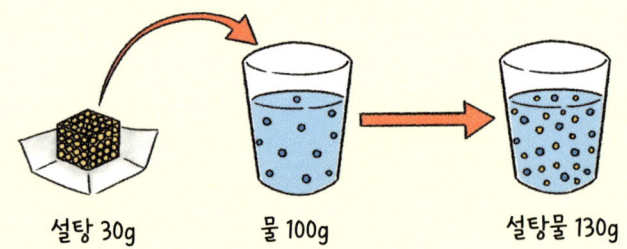

설탕 30g   물 100g   설탕물 130g

서로 다른 물질을 섞으면 부피는 변할 수 있어

분자의 크기가 같은 물과 물 또는 에탄올과 에탄올을 섞었다고 상상해 봐. 그 부피는 섞기 전의 부피의 합과 같아. 그렇다면 물과 에탄올을 섞으면 어떨까?
예를 들어 보자. 물 100밀리리터의 무게는 100그램이고, 에탄올 100밀리리터의 무게는 79그램이야. 이 둘을 섞으면 100그램과 79그램을 더해 179그램이 되겠지. 그런데 부피는 100밀리리터와 100밀리리터를 더해 200밀리리터가 되는 것이 아니라 184밀리리터 정도가 돼. 물과 물 또는 에탄올과 에탄올을 섞었을 때 부피는 섞기 전 부피의 합과 같지만 물과 에탄올을 섞으니 다른 결과가 나타난 거야. 어떻게 이런 일이 일어날까?

이건 덩치가 큰 에탄올 분자 사이로 물 분자가 끼어 들어가기 때문이야. 자갈과 모래를 섞으면 자갈 사이의 빈 공간으로 모래가 스며 들어가는 것과 똑같은 원리야. 이렇게 액체와 액체가 섞일 때 부피가 줄어드는 일은 종종 일어나는 일이란다.

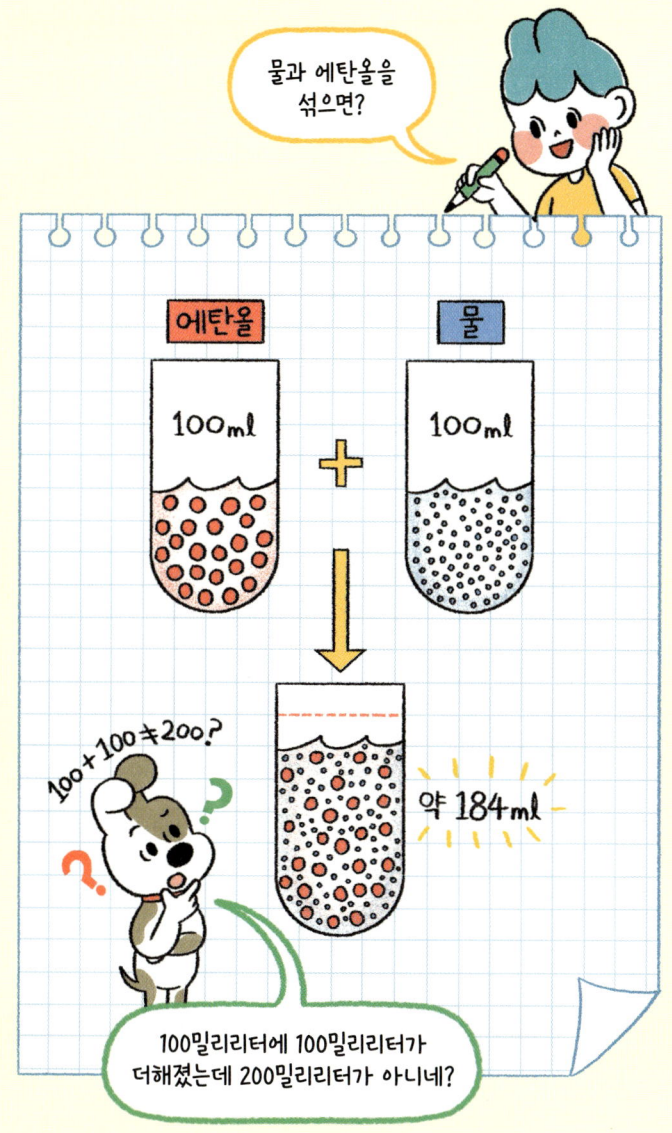

용액은 오래 두어도 그대로 잘 섞여 있어

용액은 오랜 시간이 지나도 한 물질이 가라앉거나 떠 있지 않고 그대로 잘 섞여 있어. 거름 장치로 걸러도 거름종이에 남는 물질이 없지. 과일을 갈아 넣지 않고 인공적으로 맛과 향을 낸 음료는 용액이야. 시간이 지나도 뜨거나 가라앉지 않으니까. 반면 생과일주스는 시간이 지나면 갈린 과일이 가라앉으니 용액이 아니야.

용액의 진하기를 비교할 수 있어

용액의 진하기는 맛, 색깔, 물체가 뜨는 정도로 비교할 수 있어. 용액의 색깔이 진할수록 진한 용액이야. 맛이나 색깔로 구별할 수 없는 투명한 용액의 경우, 용액에 작은 물체를 넣었을 때 그 물체가 뜨고 가라앉는 정도로 진하기를 알 수 있어. 물체가 위로 높이 떠오를수록 진한 용액이거든.

이스라엘과 요르단 국경에 있는 '사해'는 염분의 농도가 아주 진한 호수야. 이곳에선 팔을 젓지 않아도 사람이 물에 둥둥 떠 있을 수 있다고 해.

⭐ 도전! 퀴즈 왕

1. 아래 그림처럼 어떤 물질이 다른 물질에 녹아 고르게 섞이는 현상을 무엇이라고 하나요?

2. 다음 중 물질의 특성으로 볼 수 없는 것을 고르세요.

① 녹는점   ② 어는점   ③ 끓는점   ④ 용해도   ⑤ 겉모습

3. 산성과 염기성에 대한 설명을 잘 읽고 맞으면 O, 틀리면 X 표시하세요.

- 푸른색 리트머스 종이를 붉은색으로 변하게 하는 성질은 산성이에요. (   )
- 붉은색 리트머스 종이를 푸른색으로 변하게 하는 성질은 염기성이에요. (   )
- 산성도, 염기성도 나타내지 않는 것을 무성이라고 해요. (   )
- 산성과 염기성은 측정하는 것이 불가능해요. (   )

정답 1.용해 2.⑤ 3.O, O, X, X

질문 있어요!

염산이 뭐예요? 위험한 건가요?

염산은 강한 산성을 띠는 물질이야. '염화수소'라는 기체가 물에 녹으면 염산이 되지. 색깔이 없고 특유의 자극적인 냄새가 강하게 나. 단단한 금속을 녹게 할 정도로 강한 물질이야.

염산이 우리 피부에 닿으면 크게 두 가지 피해를 일으켜. 첫째, 피부에 있는 수분을 빼앗아. 둘째, 피부의 수분과 결합하면서 강한 열을 만들어 내. 그러니까 염산에 닿은 피부는 수분을 잃고 화상을 입는다는 말이야.

염산이 우리 몸에 닿으면 얼마나 위험한지는 더 말하지 않아도 알겠지? 이 반응은 순식간에 일어나니까 염산을 이용한 실험을 할 때는 꼭 안전 장비를 갖추고 조심스럽게 다뤄야 해!

⑤ 새로운 물질의 탄생

여러 가지 화학 반응

금을 너무나도 만들고 싶었던 과학자

화학 변화와 물리 변화

물질의 변화는 크게 화학 변화와 물리 변화로 나눌 수 있어. **화학 변화**란 분자의 종류가 달라져서 처음 물질과는 전혀 다른 새로운 물질로 변하는 것을 말해. 예를 들어 음식이 상하거나, 쇠못이 붉게 녹슨 것은 화학 변화 때문이지.

이렇게 물질과 물질이 만나 성질이 다른 물질로 변하는 것을 **화학 반응**이라고 해. 화학 반응이 일어나면 이전의 분자와 다른, 새로운 분자가 만들어져.

반면 분자의 종류가 달라지지 않기 때문에 물질의 성질은 그대로인 변화도 있어. 이를 **물리 변화**라고 해. 유리병이 깨졌을 때를 상상해 봐. 유리병이 깨지면 물체의 모습은 달라지지만 원래 성질은 그대로 남아 있잖아? 이처럼 물리 변화는 모양이나 형태가 변할 수는 있어도 물질의 성질은 변하지 않아.

아래의 표를 보고, 변화의 예가 화학 변화인지 물리 변화인지 구분해서 O 표시를 해 보자.

변화의 예	화학 변화	물리 변화
산소와 수소가 만나 물이 됐어요.		
연필이 부러졌어요.		
온도를 낮췄더니 물이 얼음이 됐어요.		
토스터에서 빵이 까맣게 탔어요.		
설탕을 물에 녹였더니 설탕물이 됐어요.		
김치가 익어서 신맛이 나요.		
아이스크림이 녹아 뚝뚝 흘러내렸어요.		

*정답은 105쪽에 있어.

화학 반응의 첫 번째 예, 연소

화학 반응은 매우 다양해. 대표적인 예를 몇 개 소개해 볼게.

초에 불을 붙이거나, 볼록 렌즈로 햇빛을 모으거나, 부싯돌과 쇳조각을 마찰하면 어떤 일이 일어날까? 맞아, 물질이 탈 거야! 물질이 타기 위해서는 몇 가지 조건이 갖춰져야 하지.

먼저, 온도가 발화점 이상이 되어야 해. **발화점**이란 물질이 불에 직접 닿지 않아도 타기 시작하는 온도를 말해.

두 번째로, 탈 물질과 산소가 있어야 해. 산소가 없다면 물질은 탈 수 없거든. 이처럼 물질이 산소와 만나 격렬하게 빛과 열을 내면서 타는 현상을 **연소**라고 해.

연소가 화학 반응이라면 반응 전 물질과 반응 후에 만들어진 물질이 달라야겠지? 타기 전의 초는 '파라핀'이라는 반투명한 고체야. 그러다 초가 산소를 만나 연소하고 나면 파라핀은 모두 없어지고 이산화 탄소와 물(수증기)이 되지. 이걸 쉽게 표현하면 아래와 같아.

파라핀 + 산소 → 이산화 탄소 + 수증기

초의 연소는 파라핀이 산소와 만나 격렬하게 빛과 열을 내면서 물과 이산화 탄소로 바뀌는 화학 반응인 거야.

화학 반응의 두 번째 예, 산화

우리 주변에서 빈번하게 일어나는 화학 반응은 또 있어. 사과, 배, 바나나 같은 과일이 시간이 지나 갈색으로 변하는 것을 본 적이 있을 거야. 이건 모두 산화의 결과물이야.

산화란 물질이 산소를 얻는 반응이야. 사과가 갈색으로 변하는 건, 사과 속에 들어 있던 물질이 껍질이 벗겨지면서 공기 중의 산소를 만났기 때문이지.

음, 산소와 결합해서 일어나는 화학 반응이라면 앞서 얘기한 연소와 비슷하지 않냐고? 맞아. 하지만 산화는 연소에 비해 진행 속도가 무척 느려. 물질이 산소와 만나 반응하는 것이 비슷해서 연소를 산화의 한 종류로 분류하기도 해.

산소를 얻는 물질이 있다면 반대로 산소를 잃는 물질도 있겠지? 이렇게 물질이 산소를 잃는 반응을 **환원**이라고 불러. 예컨대 얼룩진 옷을 세탁할 때 쓰는 표백제는, 오염 물질의 산소를 빼앗아 얼룩의 색소를 하얗게 지워 내지.

산화와 환원은 항상 동시에 일어나. 그래서 이 둘을 합쳐서 산화 환원 반응이라고 하기도 해.

화학 반응의 세 번째 예, 중화

이번에는 대표적인 화학 반응인 중화에 대해 알아보자.

중화는 산과 염기가 반응해서 서로의 성질을 잃는 반응이야. 앞서 산성이 강한 염산, 염기성이 강한 수산화 나트륨은 매우 위험한 물질이라고 말했던 거 기억하지? 둘은 산성과 염기성의 정도를 나타내는 피에이치(pH) 표의 양쪽 끝에 있는 강자들이야. 만약 염산과 수산화 나트륨을 섞으면 어떻게 될까? 놀랍게도 둘이 합쳐지면 소금물로 바뀌어!

> 염산 + 수산화 나트륨 → 물 + 소금

중화 반응은 모든 산과 염기에서 공통적으로 일어나는 반응이야. 양쪽에 있는 강한 물질 둘이 만나 중성인 물로 바뀐다는 점에서 엄청 흥미롭지. 산과 염기는 어느 한쪽으로 치우치면 우리 몸에 해롭다고 앞에서 설명했잖아. 그럴 때 이 중화 반응을 이용해서 이롭게 만들 수 있어.

　어른들 중에는 속이 종종 쓰린 사람이 있어. 음식물을 소화하는 데 쓰이는 우리 몸속 위산이, 약해진 위벽을 자극하기 때문이야. 그럴 때 제산제라는 약을 먹어. 제산제는 염기성이라서 산성인 위산을 중화시켜 주거든.

　땅이 산성화되면 식물은 잘 자라지 못해. 이럴 때 염기성을 가진 소석회를 뿌리는 것도 중화 반응을 이용한 거야. 생선 요리에 레몬즙을 뿌리는 걸 본 적 있니? 생선 비린내는 염기성이라서 산성인 레몬즙을 뿌리면 비린내를 없앨 수 있어.

안정을 좋아하는 화학 반응

모든 물질은 더 안정적인 상태로 가려는 성질이 있어. 앞에서 염산과 수산화 나트륨을 섞으면 물과 소금이 된다고 했지? 앞의 물질보다 물과 소금인 상태가 더 안정적이거든. 그래서 둘이 반응해서 더 안정적인 형태로 바뀌는 거야.

물 분자의 모양도 안정적인 상태야. 산소 원자가 가운데에 있고, 두 개의 수소 원자가 104.5도 각도로 양쪽에 날개처럼 달려 있지. 일자로 배열되지 않은 게 특이하지? 그래도 이 배열일 때 가장 안정적인 상태가 되기 때문에 그 모양이 된 거야.

그러니까 분자 모양이든 화학 반응이든, 내버려 두면 가장 안정적인 형태로 가려는 성질이 있고 그게 모든 자연 현상의 기본 원리라는 거야. 이 사실을 꼭 기억해 두면 좋겠어.

한편 우리는 열을 가하거나 전기를 가하는 인위적인 방법을 써서 물질을 더 불안정한 상태로 바꾸기도 해. 보통 안정적인 물질은 에너지를 적게 가지고 있고, 불안정한 물질은 에너지를 많이 가지고 있거든. 예를 들어 배터리를 충전하면 배터리 내부의 물질은 에너지를 매우 많이 가진 불안정한 상태로 변해. 여기에 전선을 연결하는 순간, 기다렸다는듯이 에너지를 쏟아내지. 이런 성질을 이용해서 우리는 전기 에너지를 배터리에 저장할 수 있는 거야.

생명 현상에도 화학 반응이 필요해

화학 반응은 우리에게 매우 중요해. 우리 생명 활동 대부분이 바로 화학 반응이기 때문이야.

식물이 빛 에너지를 이용해 스스로 양분을 만드는 **광합성**에 대해 들어 봤을 거야. 식물의 광합성은 여러 가지 화학 반응들이 순차적으로 일어나는 복잡한 과정이야. 식물이 광합성을 하는 덕분에 식물뿐 아니라 동물, 사람까지도 안정적으로 먹고 살 수 있어. 모든 생명체가 살아갈 근간이라고 할 수 있지.

우리가 먹은 음식은 너무 커서 몸속 세포가 사용할 수 없어.

그래서 내장의 세포가 흡수할 수 있을 만큼 작은 분자로 작게 쪼개야 하지. 이걸 소화 과정이라고 하는데, 큰 분자를 작은 분자로 잘게 쪼개는 분해 현상도 화학 반응의 일종이야.

우리 몸의 세포는 영양소를 분해해서 에너지를 얻어. 그래야 사람이 살 수 있거든. 이런 과정 역시 매우 다양한 화학 반응이 연쇄적으로 일어나기 때문에 가능한 거야. 결국 모든 생명은 화학 반응으로 살아가고 있다고 할 수 있지.

화학 반응 덕분에 물건을 만들어

우리 생활에 필요한 물건들을 만들 때도 화학 반응이 필요해. 철은 성질이 우수하고 활용성이 높아서 여러 곳에 쓰여. 자연에서 철은 보통 산화철 상태로 암석과 섞여 철광석으로 존재해. 순수한 철을 만들려면 철광석의 다른 물질과 철을 분리하기 위해 여러 단계의 화학 반응을 거쳐야 하지. 또 철을 더 단단하게 만들기 위해서도 여러 화학 반응이 필요해.

우리가 타고 다니는 자동차는 어떨까? 자동차 엔진 속에서는 연료가 산소를 만나 이산화 탄소와 수증기로 바뀌는 연소 반응이 일어난단다.

철광석이 산소를 잃으면 철이 돼.

화학 반응은 과학 수사를 할 때도 쓰여. 만약 범인이 사건 현장을 깨끗하게 닦아 핏자국을 싹 지웠다면 어떻게 할까? 이때 '루미놀'이라고 하는 형광 물질을 뿌린 다음 자외선으로 비춰 보는 방법이 있어. 루미놀은 혈액을 만나면 파란 형광색을 띠어. 심지어 물로 씻어 지워 낸 핏자국도 모두 찾아낼 수 있지.

화학 반응의 예를 들자면 끝이 없을걸. 그러고 보면 우리는 화학 반응 덕분에 살아 있고, 화학 반응 덕분에 편리하고 재미있는 생활을 하는 셈이지. 화학 반응과 화학 반응을 일으키는 물질에 대해 이해하는 건 세상을 이해하는 것이나 마찬가지야!

휘발유와 공기가 만나 혼합기에서 빛과 열을 내면 엔진이 움직여!

더 알아보기

중화 반응의 특징과 예

 산과 염기가 반응해서 서로의 성질을 잃는 것을 '중화'라고 한다는 거, 모두들 기억하고 있을 거야. 산의 수소 이온과 염기의 수산화 이온이 반응하면 중성인 물이 만들어져. 이처럼 산과 염기가 만나 물이 만들어지는 것을 중화 반응이라고 해.

일상 속 중화 반응을 이용한 사례

중화 반응을 이용한 예는 우리 주변에서도 흔히 볼 수 있어. 몇 가지 살펴볼까?

김치 속에도 화학이 있어!

신 김치는 산성을 띠어. 그래서 염기성을 띠는 조개껍데기나 달걀껍데기를 반나절 넣어 두면 신맛이 줄어들어.

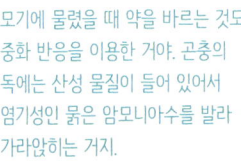

모기에 물렸을 때 약을 바르는 것도 중화 반응을 이용한 거야. 곤충의 독에는 산성 물질이 들어 있어서 염기성인 묽은 암모니아수를 발라 가라앉히는 거지.

종이는 산성 조건에서 만들어져서 시간이 지나면 변질되기 쉬워. 그래서 우리나라 한지를 만들 때는 염기성을 띠는 양잿물을 섞어 표백해. 그래서 한지가 서양 종이보다 훨씬 더 오랫동안 변치 않고 원래의 모습을 유지할 수 있는 거야.

우리 몸속 기관인 이자에는 '이자액'이라고 하는 소화액이 나와. 이자액에는 염기성을 띠는 탄산수소 나트륨이 포함되어 있어서, 위에서 넘어온 위액을 중화시켜줘.

공장에서 내뿜는 배기가스에는 산성을 띠는 이산화 황이 포함되어 있어. 염기성을 띠는 석회석으로 중화시킬 수 있지.

중화 반응을 이용할 때 주의할 점

중화 반응이 일어날 때는 중화열이 발생해서 용액의 온도가 높아져. 중화 반응이 완결되어 중성이 되는 지점을 중화점이라고 하는데, 중화점에서 온도가 가장 높지. 중화 반응이 가장 많이 일어날 때 가장 많은 열이 발생한다는 말이야. 그러니 중화 반응을 이용할 때는 항상 주의해야 해.

만약 염산이 피부에 묻으면 어떻게 해야 할까? 중화 반응을 배운 사람이라면 '수산화 나트륨을 뿌린다'라고 답할 수 있을 거야. 염산의 강력한 산성을 수산화 나트륨으로 중화시키면 독성이 사라질 테니까.

하지만 이건 매우 위험한 일이야. 왜냐하면 앞서 말했듯이 중화 반응이 일어날 때 강한 열이 발생하거든. 그러니까 염산이 묻은 피부에 수산화 나트륨을 뿌리면 강한 열이 발생하면서 살이 탈 거야. 염산이든 수산화 나트륨이든 모두 물에 잘 씻겨 내려가니까 재빨리 흐르는 물에 씻는 것이 가장 바람직해.

⭐ 도전! 퀴즈 왕

1. 아래 상자의 글을 잘 읽고 빈칸에 알맞은 단어를 써 보세요.

> 물질이 산소와 만나 격렬하게 빛과 열을 내면서 타는 현상을 (①)라고 해요. 물질이 타기 위해서는 온도가 (②) 이상이 되어야 하고, 탈 물질과 (③)가 있어야 하지요.

① _____   ② _____   ③ _____

2. 화학 반응에 대한 설명으로 틀린 것을 고르세요.

① 화학 반응이란 물질과 물질이 만나 성질이 다른 물질로 변하는 거예요.
② 음식이 상하거나, 쇠못이 붉게 녹슨 것은 화학 변화 때문이에요.
③ 안정적인 물질은 쓸모가 있지만, 불안정한 물질은 쓸모가 없어요.
④ 연소, 산화, 중화 등이 화학 반응의 예이지요.
⑤ 산화와 환원은 항상 동시에 일어나요.

3. 아래 그림은 어떤 분자의 모양인지 써 보세요.

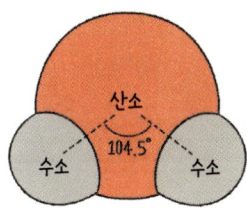   _____

정답: 1.①연소 ②발화점 ③산소 2.③ 3.물 분자

> 질문 있어요!

 **화학 반응으로 금을 만들 수 있어요?**

화학 반응으로 다양한 물질을 만들 수 있다는 사실을 알게 되자, 옛날 과학자들은 화학 반응으로 모든 걸 만들 수 있겠다고 생각했어. 그러니 금을 만들려고도 했지. 하지만 화학 반응은 만능이 아니야.

예를 들어 식물은 광합성을 할 때, 공기 중의 탄소를 사용해서 포도당과 같은 영양분을 만드는데, 인간이 가진 기술로는 공기 중의 탄소로 포도당을 만들 수 없어. 이게 가능하다면 식량 문제를 해결할 수 있을 텐데 말이야.

특히 식품이나 의약품 중에는 생명체의 도움을 받아야만 만들 수 있는 물질이 많아. 예를 들어 인삼, 도라지 등에 들어 있는 '사포닌'이라는 몸에 좋은 성분을 활용해 건강 기능 식품을 만들지. 우리는 화학 반응 중에서 극히 일부를 알 뿐이고, 밝혀내야 할 건 아직도 많단다.

11쪽 정답

우리 주변의 물체와 물질

물체	물질	물체	물질
연필	예: 나무, 연필심(흑연), 겉에 바른 색깔 있는 물감	탁상용 전등	예: 나무, 천, 전구
볼펜	예: 플라스틱, 금속, 잉크	자전거	예: 플라스틱, 철, 타이어
가방	예: 천, 가죽, 지퍼(철)	스마트폰	예: 금속, 유리, 배터리

87쪽 정답

변화의 예	화학 변화	물리 변화
산소와 수소가 만나 물이 됐어요.	O	
연필이 부러졌어요.		O
온도를 낮췄더니 물이 얼음이 됐어요.		O
토스터에서 빵이 까맣게 탔어요.	O	
설탕을 물에 녹였더니 설탕물이 됐어요.		O
김치가 익어서 신맛이 나요.	O	
아이스크림이 녹아 뚝뚝 흘러내렸어요.		O

•사진 제공_ 연합뉴스, Wikipedia

글쓴이 김정훈

카이스트(KAIST)에서 생물학으로 석사 학위를 받았다. 동아사이언스에서 과학 기자로 활동했고, 그 뒤 다양한 소프트웨어 융합 교육 서비스를 만들고 있다. 지은 책으로 『과학은 쉽다 2 생물의 분류』, 『과학은 쉽다 3 우리 몸의 기관』, 『맛있고 간편한 과학 도시락』, 『과학을 알아야 코딩이 쉽다!』 등이 있다.

그린이 김혜령

연세 대학교 생활 디자인학과를 졸업한 뒤, 책과 그림이 좋아 일러스트레이터가 되었다. 쓰고 그린 책으로는 『각자의 리듬으로 산다』가 있고, 그린 책으로는 「수학 교과서 개념 읽기」 시리즈, 『동물병원을 운영해 봐요』, 『올림포스 별의별 사랑』 등이 있다. 그림 그리는 재밌는 할머니가 되는 것이 꿈이다.

8 물질과 화학 반응

과학은 쉽다!

1판 1쇄 펴냄 2023년 1월 30일
1판 4쇄 펴냄 2024년 4월 8일
글 김정훈 그림 김혜령
펴낸이 박상희 **편집장** 전지선 **편집** 송재형 **디자인** 신현수
펴낸곳 (주)비룡소 출판등록 1994. 3. 17(제16-849호)
주소 (06027) 서울시 강남구 도산대로1길 62 강남출판문화센터 4층
전화 02)515-2000 **팩스** 02)515-2007 **홈페이지** www.bir.co.kr
제품명 어린이용 반양장 도서 **제조자명** (주)비룡소 **제조국명** 대한민국 **사용연령** 3세 이상

ⓒ 김정훈, 김혜령, 2023. Printed in Seoul, Korea.

ISBN 978-89-491-8935-2 74400 / 978-89-491-8927-7(세트)